BEI GRIN MACHT SICH IHR WISSEN BEZAHLT

- Wir veröffentlichen Ihre Hausarbeit, Bachelor- und Masterarbeit
- Ihr eigenes eBook und Buch - weltweit in allen wichtigen Shops
- Verdienen Sie an jedem Verkauf

Jetzt bei www.GRIN.com hochladen und kostenlos publizieren

Bibliografische Information der Deutschen Nationalbibliothek:

Die Deutsche Bibliothek verzeichnet diese Publikation in der Deutschen National-bibliografie; detaillierte bibliografische Daten sind im Internet über http://dnb.d-nb.de/ abrufbar.

Dieses Werk sowie alle darin enthaltenen einzelnen Beiträge und Abbildungen sind urheberrechtlich geschützt. Jede Verwertung, die nicht ausdrücklich vom Urheberrechtsschutz zugelassen ist, bedarf der vorherigen Zustimmung des Verlages. Das gilt insbesondere für Vervielfältigungen, Bearbeitungen, Übersetzungen, Mikroverfilmungen, Auswertungen durch Datenbanken und für die Einspeicherung und Verarbeitung in elektronische Systeme. Alle Rechte, auch die des auszugsweisen Nachdrucks, der fotomechanischen Wiedergabe (einschließlich Mikrokopie) sowie der Auswertung durch Datenbanken oder ähnliche Einrichtungen, vorbehalten.

Impressum:

Copyright © 2014 GRIN Verlag
Druck und Bindung: Books on Demand GmbH, Norderstedt Germany
ISBN: 9783668682146

Dieses Buch bei GRIN:

https://www.grin.com/document/419359

Kristina Reinartz

Die Definition der Stadt. Stadtbegriffe und ihre Unterschiede

GRIN Verlag

GRIN - Your knowledge has value

Der GRIN Verlag publiziert seit 1998 wissenschaftliche Arbeiten von Studenten, Hochschullehrern und anderen Akademikern als eBook und gedrucktes Buch. Die Verlagswebsite www.grin.com ist die ideale Plattform zur Veröffentlichung von Hausarbeiten, Abschlussarbeiten, wissenschaftlichen Aufsätzen, Dissertationen und Fachbüchern.

Besuchen Sie uns im Internet:

http://www.grin.com/

http://www.facebook.com/grincom

http://www.twitter.com/grin_com

Inhaltsverzeichnis

1. Einleitung — 2
   1.1. Definitionsversuche — 2
   1.2. Das Abwenden von Wissenschaftlern und Autoren — 3
2. Verschiedene Stadtbegriffe — 3
   2.1. Der Statistische Stadtbegriff — 4
   2.2. Der historische Stadtbegriff — 5
   2.3. Der soziologische Stadtbegriff — 5
   2.4. Der geographische Stadtbegriff — 6
3. Fazit — 7
4. Literaturverzeichnis — 7

1. Einleitung

Zunächst stellt sich die Frage, warum eine solche Hausarbeit überhaupt ein Thema, wie das Definieren von „Stadt" behandeln soll. Jedes Kind weiß schlussendlich doch was eine Stadt ist. Doch wenn wir versuchen eine klare Abgrenzung zu ländlichen Räumen zu machen, wenn wir versuchen eine präzise begriffliche Festlegung in Form einer Definition für den Begriff „Stadt" zu finden, treffen wir vermehrt auf einige Probleme (Fischer o.J.). Diese sollen im Folgenden behandelt werden. Des Weiteren wird in dieser Arbeit durch verschiedene Stadtbegriffe ein Lösungsweg zur Definition von Städten eingeschlagen, der es uns zumindest aus verschiedenen Teildisziplinen erlaubt, klare Definitionen festzulegen.

1.1. Definitionsversuche

Es lassen sich in den verschiedensten wissenschaftlichen und nicht-wissenschaftlichen Arbeiten Definitionen zur Stadt finden. So findet man bei „die Erde" (2013) die folgende Definition: „Unter einer Stadt versteht man eine größere, zentralisierte Siedlung. Die Siedlung weißt eine eigene Verwaltungs- und Versorgungsstruktur auf und liegt im Schnittpunkt größerer Verkehrswege." (die-Erde 2013)

Fassmann (2009) liefert uns zum Beispiel diese Definition: „[…] die Stadt [kann] als eine größere Siedlung mit geschlossener Bebauung, hoher Bebauungsdichte, funktioneller Gliederung und Bedeutungsüberschuss definiert werden." (Fassmann 2009: 42)

Beide Definitionen - stellvertretend für viele andere - spielen mit Begriffen, die es dem Leser überlassen, sich die Stadt selbst zu definieren. Das Wort „größer" oder auch Begriffe wie „hoch" und „geschlossen" werfen lediglich

Abb. 1: Wildemann von oben, Quelle:http://www.hhbornemann.de/ort74.jpg

neue Fragen auf. Was bedeutet größer? Wie viele Einwohner sollte eine Siedlung aufweisen, um „größer" zu sein? Folglich führen solch schwammige Begriffe zu unbefriedigenden Definitionen (Fassmann 2009). In der Abbildung 1 sehen wir eine

Siedlung mit einer um die 1000 schwankenden Einwohnerzahl. Für die meisten Menschen scheint diese Siedlung allerdings nicht wirklich groß zu sein und dennoch trägt sie einen Stadttitel (Wikipedia 2014). Dieses Beispiel zeigt uns, dass wir zwischen verschiedenen Definitionen unterschiedlicher Disziplinen differenzieren müssen und uns nicht etwa alleine auf statistischen Werten ausruhen können (Fassmann 2009).

1.2. Das Abwenden von Wissenschaftlern und Autoren

Dass eben eine solche allgemein gültige Definition nicht existieren kann, hat nicht nur Fassmann festgestellt, der sein Beispiel für eine mögliche Definition (siehe oben) sofort in Frage stellt. „Aber ist [mit dieser Definition] eine notwendige begriffliche Klarheit erzielt worden? [...] Wesentlich ist die Bereitschaft zur Differenzierung." (Fassmann 2009: 42)

Auch in anderen Werken wie etwa in „Geschichte der Urbanisierung" von Jürgen Reulecke (1985: 7), finden wir auf den ersten Seiten Verweise über die Problematik der Vielseitigkeit des Stadtbegriffs.

Klare Definitionen oder Versuche solcher bleiben zurecht aus. Andere Quellen beleuchten expliziter die Problematik rund um die Betrachtungswinkel, aus denen „Stadt" definiert wird und weigern sich, selbst eine Definition darzubieten (Fischer o.J.). Nach Selle und Wachten (2008: 2) sei eine einheitliche Definition aufgrund dieser vielen Perspektiven, auf die auch Fischer (o.J.) schon aufmerksam gemacht hat, nicht möglich. Verschiedene Sichtweisen ergeben sich z.B. aus Perspektiven von „Bewohner[n], Besucher[n], Politiker[n], Architekte[n], Planer[n], Historiker[n], Ökonome[n], Soziologe[n], alte[n] und junge[n] Menschen [...]." (Selle & Wachten 2008: 2)

2. Verschiedene Stadtbegriffe

Wie Fassmann (2009: 42) bereits erwähnte, ist die „Bereitschaft zur Differenzierung" essentiell, um klaren Definitionen näher kommen zu können. Während Fischer (o.J.) nur auf den historischen, den statistischen und den geographischen Stadtbegriff eingeht, zieht Fassmann (2009: 46) einen weiteren, den soziologischen hinzu. Diese vier Teildisziplinen sollen uns im Folgenden dazu verhelfen, „Stadt" besser zu greifen.

2.1. Der Statistische Stadtbegriff

Der statistische Stadtbegriff ist eher einfach konzentriert und beläuft sich ausschließlich auf Fakten. Diese Fakten beziehen sich zum Beispiel auf Einwohnerzahlen oder Dichtewerte. Es wird versucht eine klare Grenze zwischen Stadt und dem ländlichen Raum zu schaffen, was durch einen Schwellenwert, also der Wert der darüber entscheidet, wann eine Siedlung zu einer Stadt wird, zum Ausdruck kommt. Dieser Schwellenwert allerdings ist normativ und vom kulturellen Kontext abhängig. Nachteile, die diese Eigenschaften mit sich bringen äußern sich in Problemen bei internationalen und globalen Vergleichen (Fassmann 2009). Die folgende Tabelle zeigt die starken Unterschiede der Schwellenwerte verschiedener europäischer Länder, erstellt nach einem Textauszug Fassmanns (2009). Die Betonung liegt bei dieser Tabelle auf „europäisch", denn die

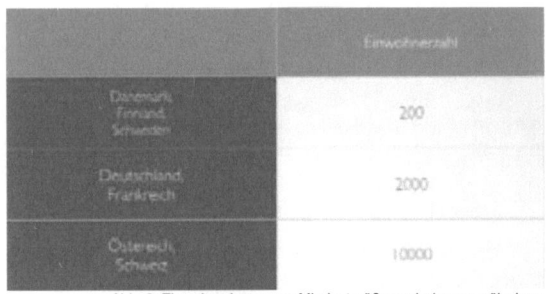

Abb. 2: Einwohnerbezogene Mindestgröße nach der europäischen Statistik, eigene Darstellung nach Fassmann 2009

Siedlungsdichte in anderen Ländern anderer Kontinente kann weitaus größer sein. Folglich steigt auch der Schwellenwert an. So beläuft sich zum Beispiel die einwohnerbezogene Mindestgröße für eine Stadt in Japan auf 50.000 (Fischer: o.J.). Das Bundesinstitut für Bau-,Stadt- und Raumforschung (BBSR) bietet uns für Deutschland eine „weitere Regelung zur statistischen Unterscheidung der Städte in sogenannte Einwohnergrößenklassen". (Fischer o.J.)

Das BBSR unterscheidet zwischen Großstadt, mit einer Einwohnerzahl von mindestens 100.000 Einwohnern, zwischen Mittelstadt, die mindestens 20.000 Einwohner aufweisen muss und der Kleinstadt, die sich ab 5.000 Einwohner als solche betiteln darf (BBSR 2012: 30). Fischer (o.J.) zählt eine weitere Unterscheidung auf. Die Landstädte. Solche existieren im statistischen Sinn schon ab 2.000 Einwohnern. Die zusätzliche Kategorisierung der Landstädte ist ebenfalls im Sinne Fassmanns (2009: 43), der von einer einwohnerbezogenen Mindestgröße in Deutschland von 2000 spricht (siehe dazu die Tabelle).

2.2. Der historische Stadtbegriff

Der historische Stadtbegriff definiert Städte, die bis zum Beginn der frühen Neuzeit entstanden. Die wichtigsten Kriterien, die die Städte von ländlichen Siedlungen abgrenzten sind nach Fassmann (2009: 49) das Stadtrecht, die Stadtbefestigung und die Markt- und Herrschaftsfunktion. Die Stadtbefestigung findet man schon seit der Antike, allerdings sollte man auch betonen, dass nicht nur Städte von Mauern umgeben waren, sondern auch schon Dörfer eine solche Begrenzung aufweisen konnten. Ab dem Hochmittelalter trat die Wichtigkeit der Stadtbefestigung in den Hintergrund und Grenzen sowie Mauern bekamen allmählich Lücken (Fassmann 2009). Äußerliche Kriterien, die die historischen Städte teilweise auch heute noch auszeichnen, sind unter anderem die bereits angesprochene Mauer, ein Straßenkreuz beziehungsweise ein Markplatz sowie die Vierteilung der Städte. Mauern betonten den Zusammenhalt der Gemeinde als auch das Verlangen nach der Abwehr äußerlicher Einflüsse. Ein Straßenkreuz bzw. der Marktplatz diente der Orientierungserleichterung und bildete das Zentrum der Stadt und somit das Zentrum von Handel und Kultur und die Vierteilung deutet letztlich auf administrative Kriterien hin. Die Industrialisierung und auch andere Aspekte wie z.B. politische oder administrative Reformen führten zu einem Bedcutungsverlust vieler Städte. Diese verloren dadurch allerdings nicht ihren Stadttitel. Deshalb existieren auch heute noch Gemeinden, die als Stadt bezeichnet werden, die allerdings keine aktuellen städtischen Merkmale aufweisen (Fischer o.J.). Eine solche Stadt ist z.B. die bereits in Abbildung 1 gezeigte Stadt, der im Mittelalter eine große funktionelle Bedeutung in Form des Bergbaus zukam (Beck o.J.).

2.3. Der soziologische Stadtbegriff

Der soziologische Stadtbegriff liefert uns Informationen über menschliches Verhalten und den sozialen Kontext einer Stadt (Pacione 2009) und „betont die spezifische Vergesellschaftungsform der städtischen Bevölkerung." (Fassmann 2009: 46)
Laut Fassmann (2009: 46) basiert der Stadtbegriff seitens der Soziologie auf drei Ebenen. Erstens auf Anonymität, zweitens auf Toleranz u. Gleichgültigkeit und drittens auf der gesellschaftlichen Differenzierung. Dabei entsteht die Anonymität etwa durch

das stetige Hinzu - und Wegziehen von Menschen. Fassmann stellt sich außerdem die Frage, ob die Anonymität nicht sogar auch ein Selbstschutz vor den vielen äußerlichen Eindrücken, die die Stadt ausmachen, ist. Dass in der Stadt vermehrt Toleranz und Gleichgültigkeit herrscht, wird im Vergleich mit ländlichen Regionen, mit Dörfern deutlich. Dort treffen wir in der Regel auf eine engagierte und teilnehmende Bevölkerung, wohingegen ein solches Verhalten in der Stadt zur Überforderung der Bürger führen würde. Dies hängt wiederum nicht zuletzt mit der Vielfalt und Vielzahl an Angeboten und Eindrücken zusammen, die in der Stadt geboten werden. Gleichgültigkeit und Toleranz stellt folglich auch in diesem Sinne erneut ein Mechanismus des Selbstschutzes dar. Die Differenzierung in der Gesellschaft wird vor allem in der hohen Arbeitsteilung, sowie in sozialen Gegensätzen und unterschiedlichen Lebensstilen deutlich (Fassmann 2009).

2.4. Der geographische Stadtbegriff

Dieser Begriff wird auch aktueller Stadtbegriff genannt. Er versucht sich auf die wichtigsten Merkmale der Stadt zu beschränken und somit eine Definition zu schaffen, die etwas komplexer ausfällt (Fassmann 2009). Im geographischen Sinne wird eine Siedlung dann zur Stadt, wenn ihr besondere funktionale, sozialgeographische und physiognomische Merkmale zukommen (Fischer o.J.).

Diese sollen im Folgenden auf vier Merkmale beschränkt sein. Erstens die Dichte und Zentrierung, zweitens der funktionelle Bedeutungsüberschuss, drittens die spezifisch sozioökonomische Struktur und zuletzt die intensive Stadt-Umland-Beziehungen. Ähnlich wie beim statistischen Stadtbegriff meint die Dichte und Zentrierung hier erneut eine einwohnerbezogene Mindestgröße. Um diese allerdings ein wenig vergleichbarer zu machen, betrachtet man nun die Bevölkerungseinheit pro Flächeneinheit. Folge und Vorraussetzung dieser Bevölkerungsdichte sind typische Bauweisen in Form von Hochhäusern etc.. Ab welcher Einwohnerzahl eine Siedlung zu einer Stadt wird, ist im Gegensatz zur Statistik nicht von einem festgelegten Schwellenwert abhängig, sondern direkt vom gesellschaftlichen Verständnis (Fassmann 2009). Der funktionelle Bedeutungsüberschuss meint „die Kapazität von zentralen Versorgungs- und Dienstleistungseinrichtungen, die über den Bedarf der ortsansässigen

Bevölkerung hinausgeht und dementsprechend von der Bevölkerung des Umlandes genutzt werden kann." (Neumair, Haas o.J.)

Die spezifische sozioökonomische Struktur bezieht sich auf den Arbeitsmarkt. Dieser äußert sich so zum Beispiel nicht in der Agrarwirtschaft sondern in der Industrie, im Gewerbe und andere Dienstleistungen. Folglich entsteht eine Vielfalt an Arbeitsplätzen, die größer ist, als die Anzahl der in der Stadt arbeitenden Einwohner. Eine Stadt muss im geographischen Sinne gute Beziehungen zum Umland aufweisen können. Sie soll als Verkehrsmittelpunkt und als Mittelpunkt der Infrastruktur und Kommunikation dienen (Fassmann 2009).

3. Fazit

„Stadt" lässt sich aus verschiedenen Perspektiven definieren, allerdings ist es nicht möglich eine globale und allgemein gültige Definition von Städten zu schaffen. Die vier Teildisziplinen Statistik, Geschichte, Soziologie und Geographie ermöglichen es uns den Begriff „Stadt" verständlicher zu machen und bieten, im Gegensatz zu Definitionen, die allgemeingültig sein sollen, eindeutige Definitionen.

„Ein Stadtbegriff, der für alle Zeiten, Kulturen und Regionen gilt, bleibt Fiktion und kann daher immer nur sehr oberflächlich sein." (Fassmann 2009: 42)

4. Literaturverzeichnis

Gedruckte Literatur:
- Bundesinstitut für Bau-, Stadt- und Raumforschung (2012): Raumabgrenzungen und Raumtypen des BBSR. (= Analysen Bau.Stadt.Raum 6). Bonn.
- Fassmann, H. (2009): Stadtgeographie 1. Allgemeine Stadtgeographie. Braunschweig
- Pacione, M. (2009): Urban Geography. A Global Perspective. 3 Aufl. o.O.
- Reulecke, J. (1985): Geschichte der Urbanisierung in Deutschland. 249., Frankfurt am Main.
- Wachten, K., K. Selle (2008): Lehrbausteine Stadt/ Landschaft/ Planung. Aachen.

Internetquellen:
- Beck, T. (o.J.): Wildemann. URL: http://wildemann.ziner.de (20.06.2014)
- Die-Erde (2013): Stadt. URL: www.die-erde.com/stadt/ (18.06.2014).
- Fischer, Katrin (o.J.): Die Stadt - Definition, Terminologie und Klassifikation. URL: http://www.mygeo.info/skripte/skript_bevoelkerung_siedlung/siedl1.htm (19.06.2014).
- Klett (o.J.): Der geographische Stadtbegriff. URL: http://www2.klett.de/sixcms/ media.php/8/068_069_29080.pdf (6.06.2014).
- Neumair, S-M., H.-D. Haas (o.J.): Bedeutungsüberschuss. URL: http://wirtschaftslexikon.gabler.de/Archiv/3992/bedeutungsueberschuss-v6.html (20.06.2014).
- Wikipedia (2014): Wildemann. URL: http://de.wikipedia.org/wiki/Wildemann (20.06.2014).

BEI GRIN MACHT SICH IHR WISSEN BEZAHLT

- Wir veröffentlichen Ihre Hausarbeit, Bachelor- und Masterarbeit

- Ihr eigenes eBook und Buch - weltweit in allen wichtigen Shops

- Verdienen Sie an jedem Verkauf

Jetzt bei www.GRIN.com hochladen und kostenlos publizieren